101 maneiras de conversar com

DEUS

Dandi Daley Mackall

101 maneiras de conversar com

Tradução
SÍLVIO NEVES FERREIRA

Editora Pensamento
SÃO PAULO

Título original: *101 Ways to Talk to God.*

Copyright © 2001 Dandi Daley Mackall.

Copyright da edição brasileira © 2004 Editora Pensamento-Cultrix Ltda.

Todos os direitos reservados. Nenhuma parte deste livro pode ser reproduzida ou usada de qualquer forma ou por qualquer meio, eletrônico ou mecânico, inclusive fotocópias, gravações ou sistema de armazenamento em banco de dados, sem permissão por escrito, exceto nos casos de trechos curtos citados em resenhas críticas ou artigos de revistas.

1ª edição 2004.
4ª reimpressão 2013.

Dados Internacionais de Catalogação na Publicação (CIP)
(Câmara Brasileira do Livro, SP, Brasil)

MacKall, Dandi Daley
 101 maneiras de conversar com Deus / Dandi Daley Mackall ; tradução Sílvio Neves Ferreira. -- São Paulo : Pensamento, 2004.

 Título original: 101 ways to talk to God.
 ISBN 978-85-315-1374-9

 1. Vida cristã 2. Vida espiritual I. Título.

04-6803   CDD-248.4

Índices para catálogo sistemático:
1. Vida cristã : Cristianismo 248.4

Direitos de tradução para o Brasil adquiridos com exclusividade pela
EDITORA PENSAMENTO-CULTRIX LTDA.
Rua Dr. Mário Vicente, 368 – 04270-000 – São Paulo, SP
Fone: (11) 2066-9000 – Fax: (11) 2066-9008
E-mail: atendimento@editorapensamento.com.br
http://www.editorapensamento.com.br
que se reserva a propriedade literária desta tradução
Foi feito o depósito legal.

Impressão e acabamento: *Paulus Gráfica*

Dedicatória

A Don e Catharine Mansfield,
que sempre conversam com Deus.

Um presente secreto

Presenteie anonimamente – uma pessoa que JAMAIS suspeitaria que foi você quem lhe deu esse presente. Pode ser uma planta, um favor (como aparar a grama do quintal), laranjas frescas ou dinheiro. Agradeça a Deus pelos presentes que você recebeu quando menos esperava – um telefonema de um amigo, um cartão, um inesperado raio de sol, uma sensação da presença divina.

Perdoe alguém

Com devoção, leve à presença de Deus alguém que o tenha enganado, difamado você, mentido a seu respeito ou deixado de cumprir uma promessa. Escreva uma carta para Deus deixando nas mãos Dele todo o sofrimento, a deslealdade, a injustiça, a frustração ou o mal que aquela pessoa lhe causou. Rasgue a carta e jogue-a no lixo. Decida perdoar. Agradeça a Deus por perdoá-lo.

Murmúrio solitário

Seja a única pessoa num evento esportivo a falar com Deus (a respeito de outra coisa que não seja uma vitória!). Escolha o momento mais intenso do jogo; no meio dos gritos da torcida, sussurre para Deus. Diga-Lhe que você está agradecido pelo fato de, mesmo numa multidão, Ele estar exatamente ao seu lado, ao alcance de um sussurro.

4

Ao encontro da luz

Quando precisar tomar uma decisão
importante, procure um lugar onde possa
ficar sozinho em completa escuridão.
Fale com Deus a respeito de suas opções.
Fique em silêncio e escute a resposta divina.
Peça a luz na escuridão.

Plante um milagre

Plante um jardim, uma tulipa ou uma
árvore. Trabalhe a terra. Imagine como
parecerá seu bulbo ou sua muda dentro
de um ano, dez anos, cem anos! Medite
sobre o milagre divino do crescimento das coisas.
Dê graças a Deus pelo seu crescimento.

Partilhe com Deus um nascer do Sol

Observe o Sol nascer num local sem atrativos – um terreno baldio, uma fábrica abandonada, um estacionamento abarrotado, uma região inóspita. Imagine Deus sentado ao seu lado, compartilhando o momento. Preste atenção nas mudanças no céu e nas encantadoras manchas coloridas – o modo como o Sol cintila num caco de vidro, os raios tépidos que cobrem o cimento frio. Peça a Deus que lhe dê uma centelha de esperança, mesmo nas piores circunstâncias. Termine o seu dia ao lado de Deus, contemplando o pôr-do-sol em seu local favorito.

Limpeza espiritual

Limpe algo profundamente – uma banheira
ou uma escrivaninha, o chão embaixo das camas
ou o interior dos armários. À medida que observa
a transformação, agradeça a Deus por limpar a sua
alma. Entregue a Ele qualquer vergonha secreta
que o aflija, um erro do passado que você
tentou ocultar. Aceite a dádiva da renovação
da vida com Deus, a oportunidade de passar
uma esponja no passado e recomeçar.

Diálogo no consultório médico

Quando você estiver esperando ser atendido no consultório do médico ou do dentista, em vez de ler revistas velhas, trave um diálogo saudável com Deus. Essa é a hora de dar graças a Deus por tudo o que vai bem no que diz respeito à sua saúde e ao seu corpo. Você também pode agradecer a Deus por determinadas fragilidades que o tornam ainda mais dependente Dele. Converse sobre qualquer preocupação que você tenha a respeito da vida, das doenças e da morte. Ninguém conhece mais o seu corpo do que Deus – nem mesmo o seu médico.

Reconheça o poder de Deus

Da próxima vez que houver uma tempestade
(sem qualquer ameaça de raios!), saia ao ar
livre e deixe que a tempestade o envolva.
Sinta a força e a energia. Enquanto isso,
reconheça o poder de Deus! Aceite-O
como o poder que sustenta o universo.

Fale sobre os seus medos

Partilhe com um amigo um medo específico
que está impedindo você de chegar ao sucesso –
de pedir uma promoção, de assumir um
novo emprego ou de pedir demissão do atual
trabalho, de se envolver com outra pessoa.
Depois, orem juntos, ou peça a ele uma oração.
Como num ato de afetuoso companheirismo,
num espírito que agradará a Deus, ofereça-se
então para ouvir os temores do seu amigo e
para dar a ele o apoio de suas orações.

Aproveite o momento

Dê uma caminhada pela rua onde mora ou num parque que você conheça bem. Preste atenção aos detalhes – as combinações e os matizes das cores nos jardins, a maneira como a iluminação no interior das casas se espalha sobre os gramados, a fumaça que se eleva das chaminés, os brotos e as flores. Se não puder "sentir o aroma das rosas", tente reconhecer os aromas que você normalmente ignora. Peça a Deus que o ajude a diminuir seu ritmo de vida, a prestar mais atenção nas coisas e a perceber as bênçãos do dia-a-dia.

12

Faça um álbum de gratidão a Deus

Selecione fotografias das coisas pelas quais
você é grato a Deus – uma árvore, o céu, amigos
e familiares, sua cama, a vista de sua varanda
ou janela, sua horta. Coloque as suas fotos
num álbum de gratidão a Deus, dando
graças silenciosas enquanto organiza as páginas.
Se quiser, você pode escrever abaixo de
cada fotografia o motivo pelo qual é grato
por aquela pessoa ou objeto.

13

Marque um encontro com Deus na hora do almoço

Marque um encontro com Deus na hora do almoço. Ninguém mais precisa saber, exceto você e Ele. Enquanto saboreia seu almoço, dê a Deus a mesma atenção que você daria a um alto executivo, num almoço de negócios. Mentalmente, fale sobre seus relacionamentos de trabalho, seus negócios, seus planos e perspectivas.

14

Encontro com Deus num local de culto

Vá a uma igreja ou templo e reserve um
assento para Deus! Secretamente, simule
estar cantando sozinho cada hino, tendo
Deus como sua única platéia. Aguarde que
Ele fale com você por meio de outra pessoa,
das letras das músicas ou em
seus pensamentos.

15

Busque um exemplo divino

Revolva o seu passado e pense em alguém
que tenha sido um exemplo divino para você.
Pense numa pessoa que você admira pela
firmeza de caráter – um professor que
despertou seu interesse pela poesia ou a sua
paixão pela álgebra, um cunhado dedicado
à esposa e aos filhos. Escreva uma carta para
essa pessoa e faça-a saber que Deus a usou
para influenciar a sua vida. Agradeça a Deus
por essa pessoa e peça ajuda para ser
também um exemplo divino.

Proclame o seu amor a Deus

Peça a Deus que lhe conceda coragem e
fé verdadeira. Então diga a outra pessoa,
ainda hoje, que você ama a Deus.
Esteja preparado para explicar por quê.
(E também para ser motivo de piada.)
Transmita a todos os seus bons
sentimentos a respeito de Deus.

Componha uma canção para Deus

Componha uma canção para Deus – uma
canção de ação de graças, uma canção
de louvor ou uma canção de amor.
Use uma melodia de que goste e escreva uma
nova letra, ou crie sua própria melodia.
Cante sua canção particular para Deus,
acrescentando versos sempre que desejar.

Torne o mundo melhor

Pense nas suas maiores queixas ou críticas a respeito do mundo – a situação dos sem-teto, a violência, as condições da juventude em seu país, o racismo, a poluição ambiental. Respeitosamente, queixe-se desses problemas a Deus. Quando tiver desabafado, pergunte a Deus o que você pode fazer para participar da solução – ajudar na preparação e distribuição de uma sopa? Oferecer-se como voluntário num centro de recreação para a juventude? Cuidar da limpeza de um trecho de uma praia? Envolver-se na política local? Faça mais do que apenas se queixar.

Descubra Deus num jardim zoológico

Vá ao zoológico e observe os macacos, os elefantes, as focas, os pássaros, as girafas e os leões. Maravilhe-se com a diversidade da vida animal e com o Criador, que pôde dar vida a essas criaturas. Imagine o Criador caminhando ao seu lado pelo zoológico. Elogie o trabalho feito pelas mãos de Deus.

20

Recite um salmo para Deus

Leia o Salmo 23 em voz alta. Depois de cada linha, crie
você mesmo um verso ou expresse a idéia com
as suas palavras. Recite o salmo para Deus.
Tente o mesmo "diálogo" com outros salmos.

"O Senhor é meu Pastor."
Tu és meu guarda-costas quando vou para casa sozinho à noite.

"Nada me falta."
*Ajuda-me a não ficar obcecado com a idéia de conseguir
um aumento de salário ou uma promoção.*

"Em verdes pastagens me faz repousar".
*Sou grato pela varanda na frente da minha casa, pelo meu
quintal e pelo conforto de um longo percurso de carro.*

Termine o salmo na companhia de Deus.

21

Conversa a três

Converse com um amigo a respeito
das eternas questões não respondidas e
também sobre coisas das quais tem certeza.
Você pode falar sobre coisas nas quais realmente
acredita – a respeito da criação, do poder de
Deus, do bem e do mal. Deixe que seu amigo
faça o mesmo. Comecem e terminem a conversa
falando juntos com Deus. Agradeça a Ele por sua
amizade e pelo amor de Deus por vocês dois.

22

Louvor alfabético

Lembre-se dos magníficos atributos de
Deus, relacionando-os por ordem alfabética.
(A – Amantíssimo ou Adorável; B – Bendito
ou Bom amigo; C – Caridoso ou Criador;
D – Dadivoso ou Dedicado...)
Continue sua louvação percorrendo
o alfabeto do começo ao fim.

Faça de Deus uma companhia

Faça uma caminhada num dia de mau tempo. Sorria sob a chuva fina, o temporal ou ao pisar em poças lamacentas. Agradeça a Deus por ter ficado ao seu lado – quando você perdeu uma pessoa amada, quando bateu seu carro ou teve de recorrer às suas economias de toda a vida. Você perceberá que não está sozinho em suas adversidades – nas desilusões, nos fracassos, nas doenças, na morte.

24

Diga "Eu te amo" a Deus em outra língua

Se você sentir que seu amor por Deus está arrefecendo, tente dizer a Ele "Eu te amo" em diferentes línguas. Ao fazer isso, escute o som das sílabas (mesmo que as pronuncie de maneira errada!). Faça com que seu coração diga as palavras que sua mente pode não entender:

Je t'aime (francês)
Nhebuk (árabe)
Yes Kez si'rumem (armênio)
Ya Tyebya lyublyu (russo)
Ek is lief vir jou (sul-africano)

Te dua (albanês)
Saranghaeyo (coreano)
Kocham cie (polonês)
Main tainu pyar karna (punjab)
Iniibig kita (filipino)
Sizi seviyorum (turco)
Toi yeu em (vietnamês)
Techihhila (sioux)
Jien inhobbok (maltês)
Ich hoan dich gear (alsaciano)
Mi aime jou (cajun)
Jeg elsker dig (dinamarquês)
Kimi o aishiteiru (japonês)
I love you (inglês)
Annee ohev otakh (hebraico)

Depois agradeça a Deus, que entende todas as línguas.

25

Ofereça a outra face

Na próxima vez que alguém ferir os seus sentimentos com uma crítica impensada ou irracional, respire profundamente. Em vez de revidar a crítica ou ficar com raiva, sorria e manifeste a Deus a sua mágoa. Depois imagine três coisas que Deus lhe recomendaria – autocontrole, paciência, benevolência. E, além disso, manifeste a Deus três boas coisas a respeito da outra pessoa.

Pule corda com Deus

Ande na montanha-russa, dê um passeio de bicicleta à noite com uma lanterna, pule corda, vá pescar, nadar, pule amarelinha, suba numa árvore... lembre-se da sua infância. Volte a ser criança. Imagine que Deus está junto com você, é seu melhor amigo. Não se esqueça que Deus criou a alegria. Agradeça a Ele por isso enquanto percorre trilhas de bicicleta, pula, nada e faz escaladas.

27

Fale em voz alta com Deus

Quando não houver ninguém perto de
você (numa floresta ou na sua sala de estar),
converse com Deus em voz alta. Enuncie
em voz alta as coisas boas!
Grite um sincero "Eu vos amo! Obrigado,
maravilhoso amigo, por tudo que
tendes me dado". Vamos, não se acanhe.

As bênçãos do outono

Deite-se embaixo de uma árvore durante o outono e deixe que as folhas caiam lentamente sobre você. Olhe fixamente para o céu, por entre os galhos, e preste atenção ao silêncio e a Deus. Perceba o esmagar e o contato das folhas secas, os cheiros, os sons e as sensações do outono. Tente ouvir o que Deus está dizendo a respeito do universo e a seu respeito.

29.

Converse com Deus sobre as pessoas que você ama

Junte fotografias de pessoas que você sabe que Deus colocou em sua vida com um objetivo. Cole uma foto da sua mãe no quebra-sol do carro; fixe a de um tio querido no refrigerador, pregue a de um sobrinho na penteadeira ou coloque a de um colega de escola na gaveta da sua mesa de trabalho. Quando se deparar com as fotos durante a rotina diária, converse com Deus a respeito do papel dessas pessoas em sua vida. Peça orientação para aquele sobrinho ou para o colega de escola, saúde para seu tio e felicidade para sua mãe.

Receba um afago de Deus

Na próxima vez que se sentir desanimado, pare um pouco para fazer um afago num gato ou acariciar um cachorro. Ouça o ronronar. Sinta a ternura. Pense num Deus que deseja envolvê-lo num abraço, que anseia confortá-lo e que se regozija pela sua proximidade.

Confira sua realidade

Retire-se para um lugar isolado e relembre os objetivos que você já alcançou – emprego, casamento, família, educação, viagens, possuir uma casa, aprender a jogar tênis ou a tocar violão. Comemore essas realizações e seja grato por elas. Fale a pelo menos uma outra pessoa a respeito de um objetivo alcançado.
Atribua essa conquista a Deus!

32

As bênçãos da paciência

Tente fazer algo que, como você sabe, o
deixa impaciente – aprender a costurar, ensinar
uma criança ou um adulto a ler, levar um cão
que vive preso para passear, perguntar a uma
pessoa que fala demais como ela está.
Admita que a paciência total está fora do seu alcance.
Peça a Deus que o ajude a aumentar a sua
compreensão. Agradeça a Deus pelas muitas
demonstrações da paciência que Ele
tem com você.

Deus como seu guia num museu

Imagine que Deus está caminhando por um
museu na sua companhia. Maravilhe-se com o
que você vê. Partilhe a sua reação com Deus,
enquanto medita sobre a beleza e a diversidade
da arte. Peça a Deus para ajudá-lo a ver
arte também do lado de fora do museu –
na singularidade das pessoas estranhas com
quem você cruza na rua, nas construções e
nos desenhos dos objetos, nas sombras
criadas pela luz do Sol entre as árvores.

34

Faça com que os seus erros virem fumaça

Anote as coisas mais desagradáveis que aconteceram no seu passado – os desgostos, os atos insensatos que você desejaria nunca ter praticado, as palavras que desejaria nunca ter pronunciado, as coisas que desejaria não ter feito, os erros que continuam a vir à tona para assombrá-lo. Converse com Deus. Confesse cada erro pela última vez enquanto o escreve em sua lista. Depois, rasgue a lista em pequenos pedaços e queime-os. Quando a fumaça subir, agradeça a Deus pelo Seu perdão e por um recomeço.

Abra o seu coração com música

Ouça em silêncio uma música da qual você não goste muito. Os admiradores da música country podem optar por um clássico; os fãs do rock podem tentar o jazz; as pessoas que gostam da música clássica podem dar uma chance ao rock. Enquanto ouve, tente compreender por que tantas outras pessoas gostam dessa música. Reflita a respeito de Deus haver criado prazeres diferentes para pessoas diferentes e imagine de que maneira você poderia desfrutá-los também.

O árduo caminho para novas possibilidades

Faça alguma coisa fisicamente difícil. Corra, nade, levante pesos, ou, durante um minuto, faça exercícios extenuantes, o mais rápido que puder. (Assegure-se de que o seu médico não faça objeções!) Converse com Deus a respeito dos recursos não utilizados que lhe foram concedidos em cada área de sua vida – o potencial para ser um pai mais amoroso ou um filho mais atencioso, a possibilidade de ser um profissional mais eficiente ou um amigo melhor. Abra-se para novas possibilidades.

Oração à luz de uma vela

Acenda uma vela e observe a sua chama radiante.
Pense em seu efeito sobre a sombra à sua volta, no
modo como o brilho atinge todos os cantos e
afasta o medo para fora do cômodo. Reflita sobre
o significado da idéia de que Deus é a Luz do
Mundo. Converse com Deus a respeito de
como você pode refletir a Sua Luz e eliminar
os pensamentos sombrios que possa
ter a respeito dos outros.

Assobie um hino em louvor a Deus

Tente assobiar ou cantar um hino quando se sentir oprimido por todo o mundo com exceção de Deus. Assobie enquanto aspira o pó de um cômodo, varre o chão ou apara a grama. Cante enquanto espana os móveis ou passa o rodo. Deixe que Deus transforme o modo como você encara as tarefas que podem parecer enfadonhas.

39

Poltrona para orar

Secretamente, escolha uma poltrona ou cadeira da sua casa para ser seu assento pessoal para orar. Imagine que você está se aninhando no colo de Deus para uma conversa franca. Marque um encontro com Deus nesse lugar a cada manhã e a cada noite. Inicie e termine o seu dia no colo de Deus.

40

Diga "sim"

Diga "Sim!" a respeito de alguma coisa sobre a qual
você sempre disse "Não!" no passado.
(Assegure-se de que não seja uma coisa que
Deus espera que você rejeite.) Vá em frente –
faça uma viagem, compre um animal de estimação,
concorde em dar aula em sua escola dominical.
Leve seu filho ao circo, jogue bola,
leia Shakespeare.
Dê graças a Deus porque nunca é
tarde demais para mudar.

Desmonte uma coisa para consertar

Arranque as pétalas de uma rosa. Desmonte um relógio velho. Agora, tente recolocar as pétalas ou arrumar o relógio. Pense em como é fácil destruir e estragar. Peça a Deus para lhe mostrar qualquer atitude destrutiva que você tenha nas relações com as outras pessoas – omissão, crítica destrutiva, um gracejo impensado que possa ter ofendido os sentimentos de alguém. Se você causou algum dano, conserte-o.

Rebobine o filme de um ano da sua vida

Desligue a TV e olhe fixamente para a tela escura. Imagine Deus sentado ao seu lado. Rebobine o filme da sua vida e deixe as imagens do ano passado surgirem em sua mente, como se estivesse assistindo a um filme. Esse filme mostra simplesmente o que estava acontecendo no interior de sua mente – seus pensamentos mais profundos, atitudes mais desprezíveis, inseguranças e intenções verdadeiras. Você desejou prejudicar alguém no trabalho? Você foi desonesto ou tinha más intenções com as pessoas a quem ama? Converse a respeito de cada cena com Deus. Deus já conhece os seus sentimentos mais profundos... e ainda assim o ama!

Dê um passeio de carro na companhia de Deus

Na próxima vez que você estiver sozinho, dirigindo seu carro, aproveite a ocasião para orar por uma vida mais proveitosa, orientada por Deus. Fale sobre os acontecimentos, como se Deus estivesse sentado no assento do passageiro. Converse sobre o que significa deixar que Deus controle a sua vida e lhe dê orientação. Que tal permitir que Deus acelere ou ponha freios nos seus planos? Resolva deixar a direção por conta de Deus.

Amplie o seu mundo

Sempre que começar a acreditar que não há nada sobre o que você precise conversar com Deus, pense em outras pessoas que estejam em perigo. Ao ver um helicóptero de resgate no céu, ore pela pessoa que está ali dentro, pela família e pela equipe médica. Quando uma ambulância passar velozmente por você, em vez de relutantemente desviar o carro para a margem da estrada, converse com Deus em nome da pessoa que está precisando de cuidados médicos. Amplie a sua conversa com Deus.

45

Deixe que o espírito de Deus sacie a sua sede

Enquanto você bebe alguma coisa refrescante num dia quente, lembre-se de que o espírito de Deus pode saciar a sua alma assim como a bebida sacia a sua sede. Num dia frio, tome alguma coisa quente para aquecer o seu corpo. Medite sobre o modo como o espírito de Deus pode saciá-lo e acalmá-lo, quando você permite que ele penetre em todas as partes do seu ser. Dê graças a Deus pelo seu espírito revitalizante.

Prepare uma refeição com amor

Cozinhe alguma coisa para alguém que você ama. Depois cozinhe a mesma coisa para alguém que você tem dificuldade para amar, ou para alguém a quem nunca deu atenção. Enquanto cozinha e entrega seu altruístico presente, converse com Deus a respeito das muitas dádivas desinteressadas que Deus lhe oferece – uma Lua cheia, uma revoada de pássaros, os primeiros botões de flor nas árvores, os primeiros flocos de neve – mesmo quando você não os merece.

47

Oração do feriado

Associe cada feriado a Deus, conversando primeiro com Ele. Faça com que Deus receba o primeiro "Feliz Ano-Novo!" No Dia dos Namorados, em primeiro lugar diga a Deus que O ama. No Dia da Independência, converse com Deus a respeito de entregar a Ele o controle absoluto da sua vida. No Dia da Mentira, peça bom senso. Comece cada data festiva adaptando o evento ao seu relacionamento com Deus, e transforme esse dia num dia santo.

Assista ao milagre do nascimento

Faça planos para assistir ao nascimento de um novo ser – um bezerro, um potro, um coelho, um cãozinho. Observe e dê graças a Deus pelo milagre do nascimento. Medite sobre os prodígios e os milagres que cercaram sua chegada ao mundo. Converse com Deus sobre o que mais você poderia fazer para dar mais significado à sua vida – envolver-se nas atividades da sua igreja, dedicar-se mais à sua família, fazer uma grande mudança na profissão.

49.

Leve Deus para pescar

Se você tiver a sorte de poder ir pescar, vá! Você terá muito tempo para meditar e conversar com Deus. Enquanto relaxa e aproveita a pescaria, converse com Deus sobre o que significa aproveitar os processos da vida – a construção da sua casa, e não apenas a casa em si; o aprendizado, não apenas a obtenção de um diploma. Peça a Deus para ajudá-lo a descobrir as mínimas alegrias de criar um projeto e acompanhar o seu desenvolvimento, em vez de apenas comemorar a sua conclusão. Aprecie a pescaria, mesmo que não consiga fisgar um peixe.

Transforme o dia de outras pessoas

Durante um dos seus dias de rotina, mude o seu
modo de agir e imagine o que Deus faria no seu
lugar para transformar o dia de alguém. Ceda um
lugar no metrô ou no ônibus. Procure ser gentil.
Escute educadamente toda a tentativa de venda
por telefone. Cumprimente a copeira, o porteiro ou
um funcionário pelo trabalho bem-feito.
Deixe que a sua bondade seja um modo
de se dirigir a Deus, demonstrando o
seu respeito pelas pessoas que Ele criou
e colocou no seu caminho.

51

Encontre Deus quando estiver perdido

Isso irá acontecer mais cedo ou mais tarde...
um dia você estará dirigindo o seu carro e
descobrirá que está irremediavelmente perdido.
Em vez de reagir com raiva ou pânico,
compreenda que, mesmo perdido, você não
está sozinho. Manifeste a Deus o quanto você
está agradecido pelo fato de Ele estar sempre ao
seu lado, não importa onde você esteja.
Transforme a experiência de estar perdido
numa aventura na companhia de Deus. Diga ao
sentimento de desespero para "desaparecer"!

52

Deus nunca deixa uma pessoa esperando

Na próxima vez que fizer um telefonema e tiver de aguardar para ser atendido, ou quando não puder se conectar imediatamente à Internet, persista. Imagine que você está em comunicação com Deus. O que você precisa pedir a Deus nesse curto e objetivo telefonema? Você precisa de um bom conselho a respeito de um negócio? Deseja bom senso e discernimento para um investimento? Necessita de uma boa dose de compreensão antes de conversar com um funcionário?

Peça. Deus jamais o deixará esperando.

53

Um novo sabor concedido por Deus

Da próxima vez que você fizer biscoitos,
um bolo ou uma refeição para os amigos, faça
dos preparativos um ato de devoção. Observe
cada um dos ingredientes e a maneira como eles
se combinam para criar um novo sabor.
Quando seus convidados chegarem e você
for servi-los, observe os "ingredientes" do
seu grupo e o novo sabor que Deus
proporciona quando vocês se reúnem.

Torne o mundo de Deus mais belo

Sem dizer a ninguém o que está fazendo, escolha um trecho abandonado do mundo de Deus – aquela vala ao lado da estrada, cheia de entulhos; o atalho cheio de lixo por onde você passa na volta da escola; um canto do parque da cidade. Deixe esse lugar em melhores condições – recolha o lixo, remova as folhas, limpe a sujeira dos animais. Ao fazer a sua parte, converse com Deus, reconhecendo a presença do Senhor enquanto você embeleza o seu pedaço do mundo criado por Deus.

55

Conforte da mesma forma que tem sido confortado

Agradeça a Deus por todas as maneiras que Ele o tem confortado durante toda a sua vida – fazendo surgir alguém para conversar com você quando estava sozinho, protegendo-o, fazendo você se sentir amado e digno. Relembre os amigos e parentes que o ajudaram a solucionar os seus problemas, trazendo comida quando você não sentia vontade de cozinhar, ouvindo-o quando você tinha vontade de falar, levando-o para passear quando você precisava mudar de cenário. Em retribuição, dê a alguém o mesmo tipo de ajuda – um telefonema, uma visita, um presente, a sua presença. Imagine Deus ao seu lado enquanto retribui a ajuda.

Conte e guarde as suas bênçãos

Faça uma lista das bênçãos que Deus lhe
concedeu. Continue até chegar a cinqüenta.
Não se esqueça de incluir as pequenas coisas –
o cheiro de pão assado e de grama cortada, a
visão de um bando de pássaros levantando vôo
e subitamente mudando de direção.
Guarde a sua lista. Recorra a ela naqueles
dias em que você sentir que tudo está
dando errado. Releia a lista, agradecendo
a Deus por cada item. Depois, adicione
pelo menos outra bênção à relação.

57

Junte-se a Deus nas noites de insônia

Da próxima vez que você não conseguir dormir à noite, em vez de se lamentar pela insônia, aceite-a como um convite para se encontrar com Deus. Aproveite o período noturno. Enquanto ouve os sons da noite, o ranger das tábuas, a agitação do vento, o cricrilar dos grilos, converse com Deus. Fale a respeito do que quer que lhe venha à mente. E ore por todas as pessoas amadas que estão dormindo!

Faça cócegas numa pessoa que você ama!

Escolha uma pessoa que você ama e faça-lhe umas boas cócegas. Divirta-se com as risadas. Esteja preparado para receber cócegas de volta. Diga a Deus que você é muito grato por ter pessoas com quem pode ter intimidade, pessoas que gostam de rir. Decida rir mais e conversar com Deus quando tudo vai bem, não apenas quando estiver desanimado e sentir necessidade da companhia de Deus!

59

Lembre-se de um amigo que esteja de luto

Converse com Deus a respeito de uma pessoa amiga que perdeu alguém que amava. Pense nos acontecimentos de um ano atrás. A maioria das pessoas sofre quando os amigos deixam de manter contato com elas. Escreva um cartão e faça com que o seu amigo saiba que você ainda está orando por ele e o conserva na memória. Se for conveniente, partilhe uma história ou uma lembrança do ente querido. Peça a Deus que ajude essa pessoa durante a solidão causada pela perda.

60

Peça desculpas a alguém

Humildemente, peça a Deus para lhe mostrar alguém a quem você possa ter feito algo de errado, alguém cujos sentimentos você possa ter ofendido. Não pare de rezar até que tenha a resposta. Então, piedosamente, procure essa pessoa (ou escreva para ela) e apresente sinceras desculpas. Peça perdão se sentir necessidade de fazê-lo, mas não espere nada em troca.

O chilrear de pássaros

Mesmo que não for um observador de pássaros, procure ouvi-los durante dez minutos. Fique sentado ao ar livre ou acampe num lugar que tenha muitas árvores e escute os pássaros. Tente identificar seus diferentes cantos, chilros e trinados. Enquanto relaxa ouvindo a música de Deus, dê graças por essas dádivas que proporcionam prazer. E tente aprender um ou dois cantos desses pássaros, imaginando como seus amigos de penas conversam com Deus.

Veja Deus no seu espelho retrovisor

Quando você parar num semáforo e ficar esperando pela luz verde, olhe-se no espelho retrovisor. Olhe fixamente para o seu rosto e imagine estar frente a frente com Deus. Concentre-se num assunto que esteja na sua cabeça. Reflita sobre a situação, enquanto está cara a cara com Deus. E agradeça ao Senhor por Ele estar ao seu lado, mesmo num semáforo.

63

Fale com Deus a respeito de suas preocupações

Para a maioria de nós, preocupações inesperadas surgem com regularidade. Podemos nos esquecer de orar, mas nunca nos esquecemos de nos preocupar – a respeito do nosso peso, das nossas rugas, de como estamos indo no trabalho, se os nossos entes queridos estão felizes. Procure usar a característica automática da preocupação para transformar o seu modo de orar. Use a preocupação como um lembrete. No momento que uma preocupação surgir inesperadamente, ore – deixe suas inquietações nas mãos de Deus.

64

Simule um julgamento diante de Deus

Imagine-se entrando numa sala de tribunal
para apresentar sua queixa perante o juiz.
O seu caso envolve alguém contra quem você tem
um ressentimento, uma pessoa que o ofendeu, ou
uma pessoa que o tenha traído ou mentido para
você. Imagine Deus como o juiz que resolve todas
as causas de maneira justa. Como se fosse um
advogado, apresente a Deus a sua queixa contra
essa pessoa. Depois, deixe o julgamento
e a sentença para o juiz. Saia da "sala do
tribunal" e esqueça a animosidade.

65

Use a biblioteca para se maravilhar com Deus

Faça um passeio à biblioteca e tenha uma idéia da surpreendente inteligência de Deus. Folheie livros sobre a camuflagem e os instintos dos animais. Leia num livro de biologia sobre as complexidades do corpo humano. Pegue um livro a respeito de um país desconhecido e estude o seu povo e a sua cultura. Expresse a Deus a sua gratidão pelo que você pode inferir desses livros a respeito Dele – a lógica, o poder, a generosidade e o amor evidenciado em cada detalhe da vida.

66

Passe um dia totalmente positivo

Peça a Deus para que fique ao seu lado durante todo o dia e para que o ajude a permanecer totalmente positivo. Não diga nada negativo, nem de brincadeira. Mas vá além – Procure oportunidades para dizer algo positivo e afirmativo às pessoas que encontra no seu caminho; "Bom trabalho!", "Ótimo café!", "Que loja encantadora!". E também diga a Deus coisas positivas durante todo o seu dia.

67

Aprenda a dar um passo de cada vez

Faça uma caminhada no meio da noite e leve consigo uma lanterna elétrica. Mantenha o foco de luz bem à sua frente, de forma que você só possa dar um passo de cada vez. Reflita sobre a razão pela qual, às vezes, Deus só nos dá informações suficientes para dar o passo seguinte. Em vez de exigir que Deus lhe mostre a solução para os seus grandes dilemas – Devo me mudar? Trocar de emprego? Casar-me? –, pergunte qual deve ser o seu próximo passo. Devo procurar casas para alugar em outros bairros? Conversar com um amigo a respeito de outro emprego? Discutir metas e sonhos com meu namorado ou namorada? Confie em que Deus irá orientá-lo, um passo de cada vez.

68

O pote de Deus

Quando Deus lhe proporcionar um momento que você não quer esquecer, anote-o e date-o: Meu chefe disse que eu sou insubstituível. Minha esposa me telefonou para dizer que me ama. Ganhei a partida de tênis. Vi três coelhos enquanto voltava para casa. Minha filha me disse que eu sou a melhor mãe do mundo. Meu neto deu o primeiro passo. Guarde suas anotações num pote. Você pode tirá-las do seu Pote de Deus a qualquer hora e agradecer a Deus outra vez. Lembre-se de que Deus continua sendo o que sempre foi.

69

Sinta o amor do Deus Pai

Anote os modos como um pai demonstra amor por um filho – ele protege o filho do perigo, faz sacrifícios, encanta-se com os pequenos sucessos do filho, ensina, guia e orienta, preocupa-se com o futuro do filho.
Inclua as coisas que os pais fazem pelos filhos – como diverti-los e dizendo não às coisas que seriam indesejáveis. Examine a sua lista e agradeça a Deus por ser um pai para você e por amá-lo da maneira que os pais amam seus filhos.

Identifique aquela melodia!

Na próxima vez que uma antiga canção de que você gostava começar a tocar no rádio, pare e recorde. Mas em vez de apenas recordar a canção, deixe que a música traga de volta detalhes das pessoas, dos lugares e das coisas pelas quais você pode dar graças a Deus. Você é grato a Deus por ter lhe dado esses amigos? Você gosta mais da pessoa que é agora do que daquele garoto birrento de antigamente? Você pode ver como Deus cuidou de você durante um difícil período do seu passado? Identifique a melodia, identifique as graças divinas.

71

Imagine o céu

Olhe para o alto, para um céu cheio de nuvens, e tente imaginar como é o paraíso. Como você o concebe? Você acha que as pessoas se tratam com amabilidade e consideração? Elas cultuam Deus constante e sinceramente? Existe um sentimento de paz e alegria pelo fato de trabalharem juntas? Durante o passar do dia, lembre-se da imagem que você fez do paraíso e traga um pouco dele para a Terra, tratando os outros como você imaginou que as pessoas são tratadas no céu.

Conversa com Deus no chuveiro

Tome um prolongado banho quente de chuveiro e converse com Deus a respeito da alegria de estar às vezes sozinho, sabendo que nunca está completamente só. Deus está presente.
Enquanto a água cai e o vapor se espalha, medite sobre a maravilhosa graça da presença de Deus que nos envolve, mesmo quando possamos achar que estamos sozinhos no chuveiro.

Deixe que Deus cuide de seus problemas

Em vez de se preocupar com as pessoas
a quem ama e ficar imaginando as piores
coisas que poderiam acontecer a elas,
procure deixá-las sob a proteção de Deus.
Feche os olhos e imagine-se pegando no
colo a pessoa amada como uma
criança, entregando depois o pesado
fardo a Deus. Confie no Senhor e na
sua carinhosa proteção.

74

Crie o seu calendário particular

Examine o seu calendário ou a sua agenda e aleatoriamente assinale alguns dias com um símbolo, como, por exemplo, "#".

Faça com que o seu símbolo apareça pelo menos duas vezes em cada mês. Durante todo o ano, sempre que surgir esse símbolo, faça uma pausa e lembre-se de que os seus dias são contados. Você jamais viverá essa data outra vez. Peça a Deus que o ajude a fazer com que ela seja importante na sua vida.

Mude o seu modo de ver

Se você usa óculos, utilize-os para mudar a sua visão espiritual, bem como a sua visão física. Cada vez que você colocar os óculos, peça a Deus que lhe mostre a perspectiva divina de tudo o que você vê. Pense nas queixas que ouviu para descobrir se alguém está sofrendo. Veja além da maneira como as pessoas se vestem ou da sua aparência física. Se você não usa óculos, pode mudar seu modo de ver com óculos de sol. E cada vez que você olhar para outra pessoa, coloque os óculos e peça a Deus para ajudá-lo a corrigir a sua visão.

Ore enquanto está dirigindo

Decida que todo percurso que você faz de carro é um momento para orar e pedir a bênção de Deus para alguém. Converse com Deus a respeito dessa pessoa. Use o acrônimo PRECE; P – Proteção física; R – Respeito pelo amor de Deus no dia de hoje, confiante em seu amor ou amizade; E – Emoção (ore pelos sentimentos e bem-estar daquela pessoa); C – Confiança de que suas súplicas serão atendidas; E – Espírito (ore pelas necessidades e pelo crescimento espirituais dessa pessoa).

A cada dia da semana, ore por uma pessoa diferente, enquanto está dirigindo.

Respire fundo e conte até dez

Em momentos de stress no decurso do dia, respire profundamente e prenda a respiração o máximo que puder. Mas em vez de apenas contar até dez, pense em todos os órgãos do seu corpo que continuam funcionando sem a sua ajuda consciente. Medite sobre a complexidade do seu coração, do sistema sangüíneo, dos seus órgãos, todos planejados por Deus para mantê-lo vivo. Agradeça a Deus por sua vida e pelo ar que respira – e deixe o ar sair.

Pense no Oleiro

Pegue uma porção de argila (pode usar massa de modelar) e tente fazer alguma coisa. Enquanto muda a forma e molda a argila, converse com Deus, o Oleiro, que o molda, que sente prazer com o seu crescimento e com a sua transformação. Você pode identificar áreas nas quais Deus ainda está trabalhando – compromisso, integridade, disciplina? O que você pode fazer para ajudar – tomar nota dos seus compromissos? Parar de cometer pequenas infrações? Ajustar o despertador para acordar quinze minutos mais cedo?

Ore ao ler o jornal

Enquanto lê o jornal do dia, deixe que Deus toque o seu coração com piedosa compaixão pelas tragédias e problemas a respeito das quais você lê. Ore por essas pessoas cujas vidas jamais o afetarão fisicamente. Compreenda que todos nós fazemos parte da mesma família, a família de Deus; e ore a Deus por paz, justiça e harmonia.

De volta à essência da vida

Limpe seus armários, a garagem ou o sótão.
Livre-se das coisas que você não usa.
Dê esses objetos de presente ou jogue-os fora.
Quando tiver feito isso, celebre com uma simples
refeição de pão, queijo e frutas. Peça a Deus para
ajudá-lo a viver uma vida livre e natural.
E agradeça a Deus pelo pão de cada dia.

Acredite no que não vê

Faça uma relação das coisas nas quais você acredita sem ver: o planeta Netuno, a eletricidade, o oxigênio, o vento, o amor, o casamento. Reafirme a Deus a sua crença e a sua fé em Deus e nas coisas que pertencem a Ele. Converse com Deus a respeito de todas as coisas nas quais você acredita, embora não possa tocá-las ou vê-las: o amor, a bondade, a afabilidade, a fé, a felicidade, a paz, Deus.

Felicidade altruísta

Agradeça a Deus pelas graças concedidas a um conhecido ou a um ente querido – uma boa família, um emprego, uma casa nova. Sinta a alegria de se sentir feliz por causa de outra pessoa. Isso acaba com o ciúme! Se for conveniente, e se você for sincero, diga a essa pessoa que você está feliz pela graça por ela recebida.
E agradeça a Deus pela sua generosidade para com as outras pessoas.

83

Repare nos gestos divinos das outras pessoas

Durante um dia inteiro, saia em
busca de boas ações.
Preste atenção aos gestos de bondade e
de carinho que as pessoas fazem umas pelas
outras. Sempre que possível, manifeste
sua aprovação e respeito.
Agradeça a Deus pela gentileza e bondade,
quase sempre despercebidas, que
nos cercam todos os dias.

84

De mãos dadas com Deus

Dê a mão para alguém que esteja sentado
ao seu lado num local de culto. Expresse
sua gratidão a Deus por conhecer alguém
cuja mão você pode segurar. E agradeça
a Deus por nunca soltar a sua mão.

Dê flores num dia comum

Compre ou apanhe algumas flores para alguém, sem nenhuma razão específica. Escolha um dia que não seja um aniversário ou uma data comemorativa, nem um dia no qual você precise pedir desculpas. Então dê suas flores a essa pessoa amiga. Agradeça a Deus pela Sua graça, dando essas flores espontânea e desinteressadamente.

Faça o seu próprio blecaute

Determine uma noite de blecaute: sem TV,
rádio ou CD-player. Tire o fone do
gancho. Divirta-se lendo à luz de velas
ou conversando. Na ausência do barulho
e das distrações costumeiras, fique com
o seu coração sossegado e em comunhão
com Deus durante toda a noite.

Esconda uma surpresa

Surpreenda alguém com um comentário
encorajador ou com um versículo da
Bíblia. Esconda a nota debaixo
da marmita, no carro ou na
mesa de trabalho dessa pessoa.
Depois, esconda outra nota de
agradecimento a Deus por encorajá-lo.
Cada vez que você encontrar por acaso
essa nota, dê graças a Deus mais uma vez.

Faça alguma coisa que você detesta

Faça alguma coisa que você detesta na companhia de alguém que você ama.
Vá a uma competição esportiva ou vá fazer compras. Dispute uma partida de um jogo com outra pessoa: banco imobiliário, pôquer, basquetebol, voleibol ou um jogo de palavras.
Peça a Deus que o ajude a ter prazer com a experiência e a revelar a respeito da pessoa amiga novas coisas das quais você possa gostar.

89

Inclua alguém

Com o coração cheio de amor, procure as pessoas que são sutilmente excluídas. Chame-as para conversar. Peça a opinião delas e escute o que elas têm a dizer. Faça-as saber que você se importa com o que elas pensam. Agradeça a Deus por se sentir valorizado pelo fato de ter sido levado à presença de Deus e instado a dizer o que quer que deseje.

90.

Seja flexível

Numa manhã de segunda-feira, peça a Deus que o torne mais flexível. Depois, durante o dia, ore sempre que puder e se disponha a aceitar qualquer mudança que Deus possa ter em mente. Mostre-se propenso a alterar a sua rotina ou seus planos para aquele dia: almoçar na companhia de alguém em vez de fazer isso sozinho, visitar um amigo doente em vez de ir diretamente para casa depois do trabalho, fazer uma caminhada em vez de assistir à TV à noite. Tente permanecer sintonizado, a toda hora, para receber a orientação de Deus.

91

Quatro letras que levam a Deus

Reserve alguns minutos para ficar sozinho com Deus.
Organize seus pensamentos e sua conversa
com Deus, recitando os "ATOS":

A = Adoração: Expresse o seu amor por Deus e diga ao Senhor por que o ama.

T = Tenacidade: Persevere no desejo de confessar a Deus as suas faltas.

O = Oração: Ore agradecendo a Deus por dádivas específicas ou pelas pessoas.

S = Súplicas: Por fim, rogue a Deus que satisfaça suas necessidades específicas e seus desejos.

Dê voltas até ordenar a sua vida

Gire rapidamente em círculo cinco vezes, depois pare. Enquanto recobra o equilíbrio, revele a Deus áreas nas quais a sua vida pode estar desordenada: trabalho em excesso, pouco tempo para a família, comida escassa e hábitos nocivos à saúde, relacionamentos problemáticos. Converse com Deus a respeito de corrigir essas faltas, fazendo ajustes que irão restaurar o equilíbrio: uma nova distribuição do seu tempo ocioso, uma dieta e exercícios.

93

Abra mão do controle por um dia

Durante um dia inteiro, por iniciativa própria, fique sob o comando de outra pessoa. Deixe-se levar pela vida. Abandone a sua posição de líder. Saia da linha de frente. Vá buscar café ou entregue a correspondência para as pessoas que geralmente fazem isso para você. Converse com Deus a respeito de seus sentimentos ao colocar as necessidades e os anseios dos outros à frente dos próprios desejos.

94.

Entre em contato com Deus na hora de dormir

Quando se deitar na cama e se aninhar entre
as cobertas, entregue a Deus a sua mente
consciente. Com as luzes apagadas, agradeça a
Deus por alguma coisa que aconteceu durante o
dia. Imagine que você está girando um laço acima
do travesseiro e laçando uma situação
que enfrentará no dia seguinte.
Prenda-a com a corda e entregue-a a Deus.
Finalmente, não se esqueça de
dar boa-noite a Deus.

95

Concentre-se num objetivo

Converse com Deus a respeito do seu principal vício: beber, falar mal das pessoas, ser ciumento e invejoso, ter preguiça. Escreva num papel os motivos pelos quais esse é o seu principal defeito. Inclua todos os detalhes. Coloque a sua anotação numa caixa e embrulhe-a. Entregue o seu mau hábito a Deus, como um presente.
Guarde a caixa num armário.
Retire-a no dia do seu aniversário e converse com Deus a respeito de como você vai indo.

96

Amarre um barbante em torno do dedo

Se você tem a tendência de esquecer Deus durante o seu dia de trabalho, precisa se lembrar de conversar com Ele. Um barbante de verdade ao redor do dedo pode parecer óbvio demais, portanto descubra outro lembrete que funcione para você. Quando outra pessoa disser alô, responda à saudação, e faça com que isso o lembre de saudar a Deus, de agradecer a Deus por estar ao seu lado onde quer que você vá. Ou, no início de cada intervalo no trabalho, que essa seja a sua senha para conversar com Deus a respeito do que quer que esteja na sua mente. Descubra a sua versão para o barbante em torno do dedo.

97

Escreva em nome de Deus

Imagine o que Deus lhe diria numa carta. Depois, escreva essa carta como se fosse Deus. Expresse amor e louvor. Dê orientações e ordens. Aponte as coisas da sua vida que precisam ser mudadas. Descreva o que há de encantador em você: Sua risada? Seu senso de humor? Sua bondade? Deixe que Deus formule suas indagações. Ao terminar, endereça a carta para si mesmo e assine-a: "Com amor, Deus". No dia seguinte, escreva uma carta de resposta a Deus.

Sorria para um estranho

Comporte-se de maneira diferente e sorria
para pessoas estranhas durante todo
o dia. Observe quantas pessoas retribuem
o seu sorriso. Não se preocupe quando
alguém não corresponder ao seu sorriso.
Seu sorriso será retribuído por Deus.

99

Subindo!

Ao entrar num elevador, imagine que você
esteja se colocando na mão de Deus.
Peça ao Senhor para elevar o seu ânimo
enquanto toma o elevador para subir.
Sinta a presença de Deus. Ore para que
Ele o ajude a elevar o ânimo de
uma pessoa neste dia.

Passeio de bicicleta

Faça um longo e vagaroso passeio de
bicicleta. Converse com Deus a respeito
da sensação de liberdade. Expresse a sua
alegria pela liberdade que tem para ir aonde
quer que lhe agrade, para deleitar-se com as
flores e com a região em que mora. Se achar
que precisa melhorar a sua forma física, essa
é a hora de fazer exercícios diante de Deus.
Comprometa-se a pôr em prática um plano
regular de exercícios e de dieta; peça a
Deus que o ajude a fazer isso!

Dance com Deus

Quando não houver ninguém por perto que possa fazer troça, ponha para tocar a sua música predileta – bem alto. Dance até sentir que as suas inibições desapareceram. Feche os olhos e deixe que a sua alma e o seu corpo louvem a Deus pela vida que lhe foi dada. Imagine Deus observando ou juntando-se a você. Dance de alegria!